¿Qué estación es ahora?

por O.M. Ulloa

Scott Foresman
is an imprint of

PEARSON

Glenview, Illinois • Boston, Massachusetts • Chandler, Arizona
Upper Saddle River, New Jersey

Every effort has been made to secure permission and provide appropriate credit for photographic material. The publisher deeply regrets any omission and pledges to correct errors called to its attention in subsequent editions.

Unless otherwise acknowledged, all photographs are the property of Pearson.

Photo locations denoted as follows: Top (T), Center (C), Bottom (B), Left (L), Right (R), Background (Bkgd)

Opener (CL) Digital Vision, Opener (BL) Brand X Pictures, Opener (BR) Brand X Pictures, Opener (CR) © Image Source/Superstock; 1 Image Ideas; 3 (TL) Digital Vision, 3 (BL) Brand X Pictures, 3 (BR) Brand X Pictures, 3 (TR) © Image Source/Superstock; 4 (C) Digital Vision, 4 (TL) Brand X Pictures, 4 (BL) Corel; 5 (C) © Image Source/Superstock, 5 (TR) Brand X Pictures, 5 (BR) © Frank Siteman/Index Stock Images; 6 (C) Brand X Pictures, 6 (TR) Brand X Pictures, 6 (CR) © Royalty-Free/Corbis, 6 (BR) Peter Pearson/ Getty Images; 7 (C) Brand X Pictures, 7 (T) Getty Images, 7 (BL) Corel; 8 Image Ideas

ISBN 13: 978-0-328-53328-2
ISBN 10: 0-328-53328-9

1 2 3 4 5 6 7 8 9 10 V0G1 18 17 16 15 14 13 12 11 10 09

Hazte esta pregunta:

¿Está siempre igual el estado del tiempo?

No, el tiempo nunca está exactamente igual.

Eso es porque las estaciones cambian.

Ahora es primavera.
Llueve mucho.
Nacen flores y animalitos.
Mira a Wili, qué lindo zorrito.

Ahora es verano.
El sol brilla.
¡Qué calor hace!
¿Es ese bebé un koala o un mapache?

Ahora es otoño.
Empieza a refrescar.
Las hojas cambian de color.
Creo que alguien las empieza a pintar.

Ahora es invierno.
Hace mucho frío.
Cae nieve más de una vez.
Mira cómo ha crecido Wili.

¿Cómo está el tiempo ahora?
¿Crees que va a nevar o a llover?
El tiempo siempre cambia.
Las estaciones siempre cambian.